A

SON ALTESSE SERENISSIME

MONSEIGNEUR LE DUC

REGNANT de WIRTEMBERG

& TECK PRINCE de MONTBEILIARD

Mon tres Gracieux Prince & Seigneur

Monseigneur

Epuis que Vôtre Altesse Serenissime a pris la resolution de bâtir à Louisbourg, il semble que les beaux Ars s'y soient rassemblés en foule de toutes parts, pour y elever un palais qui eternisât la memoire de Leur Auguste Protecteur.

Il est vrai que dans les commencemens, le but qu'on se proposât, ne tendit qu'a y faire une maison de campagne, ou V. A. S. put se delasser agreablement dans la belle saison, & y jouir des plaisirs que la situation & les belles chasses des environs y fournissent abondamment.

Tous les desseins furent formés alors sur cette idée: une magnifique maison de chasse s'eleva le marbre, la peinture, la sculpture, enfin tous les ornemens qui servent ordinairement d'appanage à une brillante Architecture, tout cela n'y fut point epargné.

Mais ce batiment tout spacieux qu'il etoit, & consistant en un corps de logis, & deux grandes ailes, auec deux pavillons; ce batiment dis-je parut trop serré pour les nombreux corteges qui suivent ordinairement V. A. S. meme dans ses parties de recreation. On y ajouta deux nouvelles ailes pour former une seconde cour, & deux autres grands pavillons vinrent encor orner les flancs de cet assemblages du palais. Un de ces pavillons fut destiné pour la chapelle, qui par la regularité & la richesse de ses ornemens, peut passer aujourd'hui pour la plus superbe qui soit en Allemagne.

Cette suitte de projects fut quasi toujours executé sous les yeux de V. A. S. mais l'etendu de tant de batimens ayant effacé l'idée de la maison de chasse, ne fit plus remarquer qu'un palais digne de la Residence d'un Souverain.

Du depuis V. A. S. resolut aufsy de faire son sejour ordinaire à Louisbourg & d'y fixer sa Residence: mais le corps du logis, qui auoit été bâti dans une autre veuë, parut alors trop petit pour y loger amplement un Grand Prince, & contenir la nombreuse Cour qui L'accompagne toujours. On forma d'abord le project d'aggrandire & d'elargir en tous sens ce premier corps de logis: mais plusieurs inconveniens s'etant rencontrés dans ce dessein, il fut resolu il y a deux ans, de la laisser tel qu'il étoit, & d'en bâtir un nouveau qui eut toute la Grandeur & la magnificence qu'on desiroit. Ce nouveau Palais doit être accompagné encor de plusieurs autres batimens, qui uniront tellement toutes les parties du Chateau de Louisbourg, qu'il en resultera un tout tres regulier dans son espece, autant que la suite des choses l'a put permetre.

Les premieres planches que je prens la liberté d'offrir icy à V. A. S. ne contiennent que les desseins qui ont été executés pour la plupart dans les commencemens: ce qui doit suivre dans une seconde partie, fera paroitre auec beaucoup plus d'eclat encor, la Grandeur des idées de V. A. S. ou plutot la Grandeur de ses actions, puis que ces nouveaux & magnifiques batimens aux quels on travaille actuellement, sont deja avancés, que dans trois ou quatre ans on les verra conduits à leur entiere perfection.

V. A. S. m'ayant fait la grace de m'en confier la direction, il n'est rien de plus juste que de m'aquiter des devoirs qu'exige la plus respectueuse & la plus soumise reconnoissance, en presentant tres humblement à V. A. S. les premieres gravures, comme un tribut que je Lui dois, & en L'assurant de la plus profonde veneration & du respect infini auec lequel j'ai l'honneur d'être

Monseigneur

De Votre Altesse Sereniffime

Reffidens Louisbourg le Decembre 1727.

Le tres humble & tres obeiffant Serviteur
Lieutenant Colonel & Directeur des Batimens
D. F. Frisoni.

ltres Batimens, qui auroient toutefois ...

ı resultera un tout tres regulier dans son espece, autant que la suite des
ıetre.

planches que je prens la liberté d'offrir icy à V. A. S. ne contiennent
ont été executés pour la plupart dans les commencemens : ce qui doit
ıde partie, fera paroitre auec beaucoup plus d'eclat encor, la Grandeur
ou plutot la Grandeur de ses actions, puis que ces nouveaux & magni-
quels on travaille actuellement, sont deja avancés, que dans trois où
ra conduits à leur entiere perfection.

nt fait la grace de m'en confier la direction, il n'est rien de plus juste
ıs devoirs qu'exige la plus respectueuse & la plus soumise reconnoissance,
ımblement à V. A. S. les premieres gravures, comme un tribut que je
ırant de la plus profonde veneration & du respect infini auec lequel j'ai

Le tres humble & tres obeïssant Serviteur

Lieutenant Colonel & Directeur des Batimens

D. F. Frisoni.

et Perspective du Chateau de Louisbourg, accompagné du jardin de la Favorite, et de la Faisanderie côté du Levant, étendu par Mr. Frisoni.

Perspectiv und Prospect der Residenz Ludwigsburg S: Hochfürstl: Durchl: des Regierenden Herrn Herzogen zu Würtemberg, wie solche samt dem Fürstl: Lust-Garten, Favorit und Fasanen-Garten gegen Morgen anzusehen: erweitert von Donato Giosepe Frisoni, Obrist-Lieutenant u: Ober-Landbau-Directore S: Hochfürstl: Durchl:

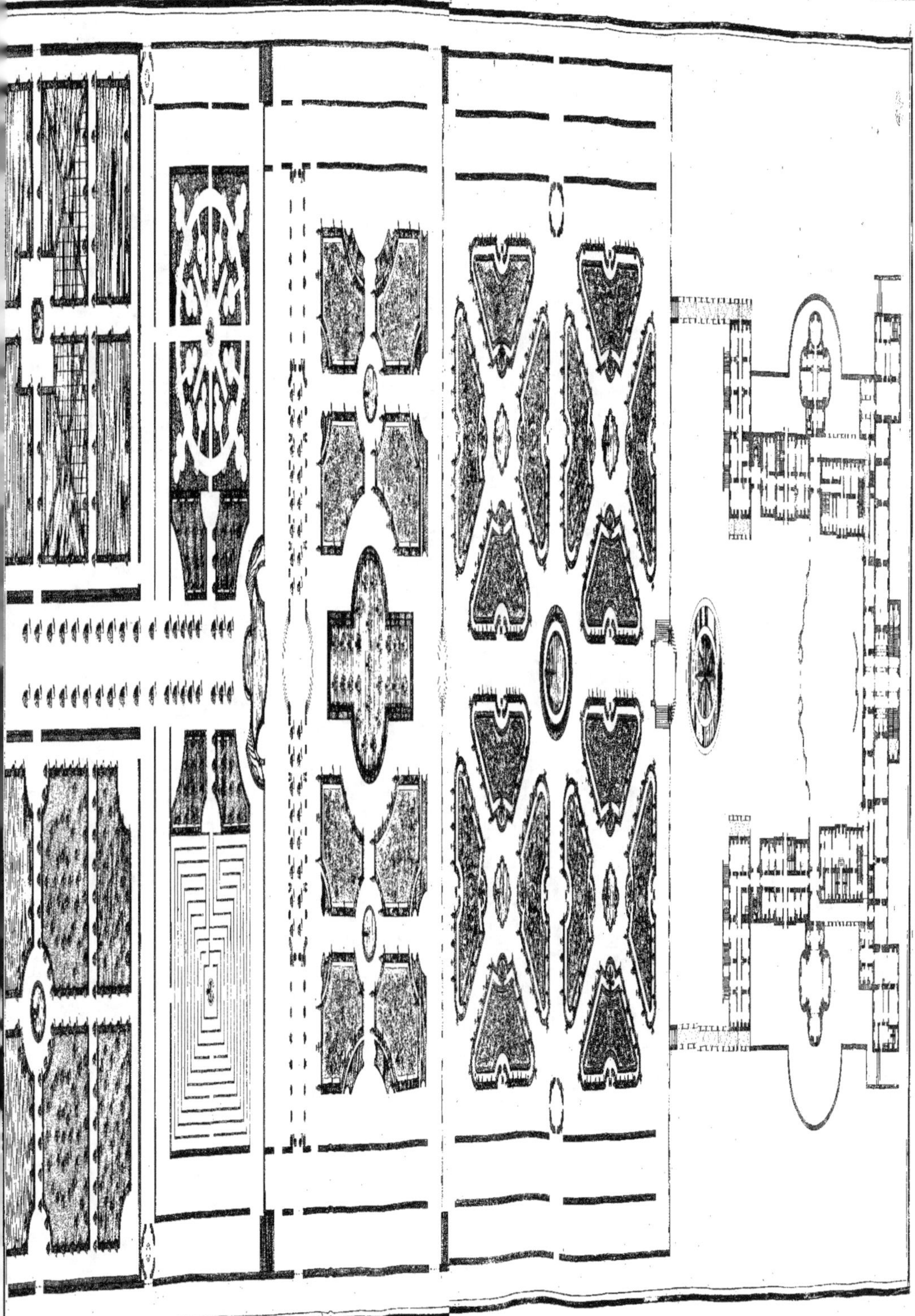

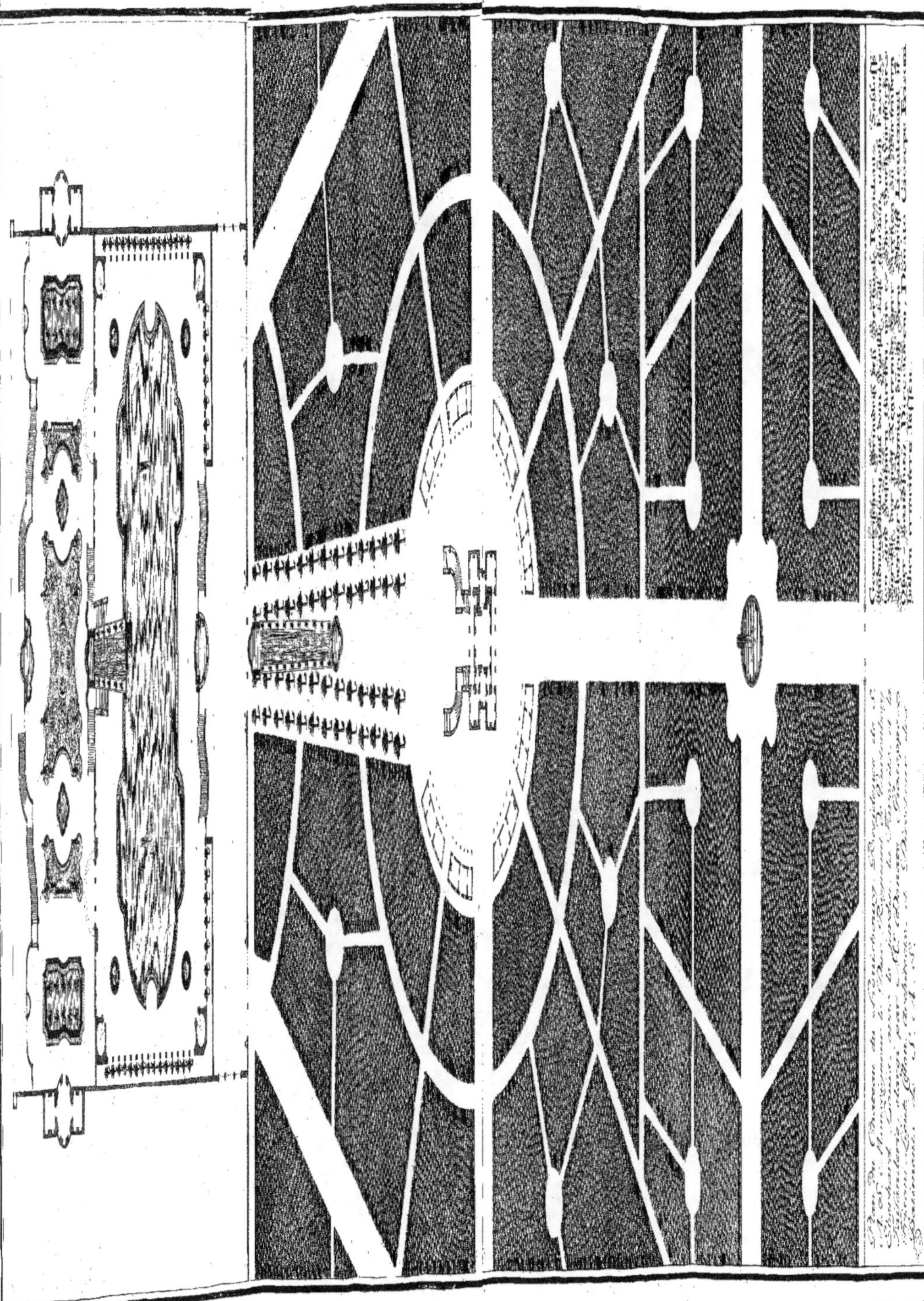

Perspective du Jardin, du Labirinte, du Verger et du potager, aussi bien que des Orangeries,
inventée par Mr. Friconi.

Perspectiv deß Obern Fürstl. Lust-Irr-Baum- u. Kuchen Gartens, samt denen Orangerie Gebäuen, zu Ludwigsburg, von Sr. Hochfürstl.
Durchl. deß Reguirenden Herrn Herzogen zu Würtenberg, Major, Architect u. Ober-Land-Baut Direct. Frisoni inventirt.

Vuë et Perspective de l'Escalier de Pierre, qui conduit dans le Jardin
Ducale en lointainete L'Orangerie et l'Arc servant du comunica=
tion a la seconde plaine des Bocages.

Prospect und Perspectiv der steinernen Stiegen, worauf man in den Herzogl. Garten gehet,
in der ferne die Orangerie und der Comunications Bogen, von dar zu der andern
Ebene deß Waldes.

Prospect und Perspectiv der Residenz Ludwigsburg...
von Donato Giuseppe Frisoni Kays. Rn. Directeur, Architect u. Obrist Lieut...
Le Prospect du Castro de Louisbourg, Residence de S... Altesse le Duc Regnant de Wurtemberg...

Plan General du
Chateau
de
Louisbourg.

Grundriß
deß Herzogl. Würtembergischen
Residenz Schlosses
Ludwigs-Burg.

Scala di Pied di Wirtemberg.

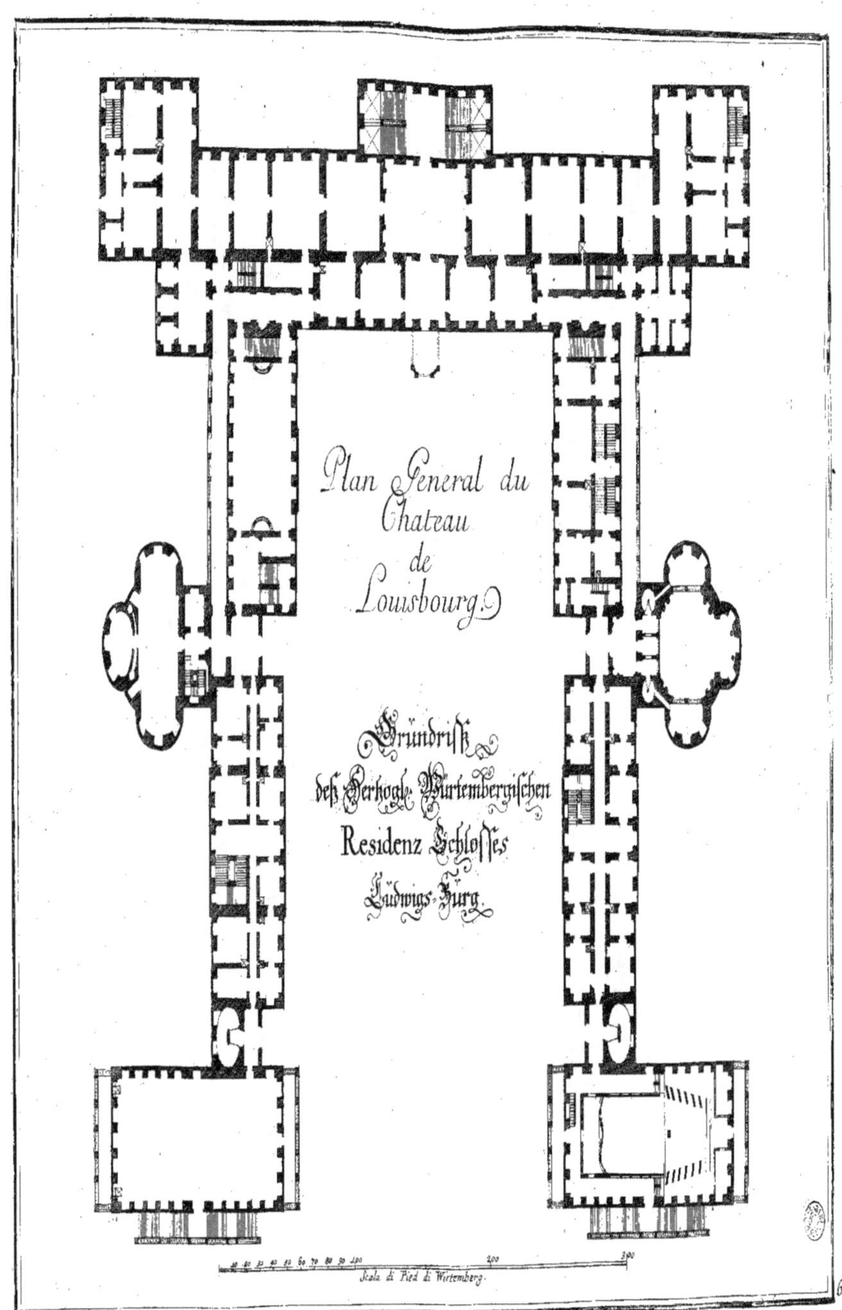

6

Vüe de la Sale, avec la moitié du plafond, peint à fresq. de Monsieur
Lucas Aurelius Colomba peintre actuel de S. A. S.

Prospect deß Saals, und der halben Decke al fresco gemahlt, von Hrn Lucas Aurelius
Colomba Sr. Hochfürstl. Durchl. würcklicher Hoff-Mahler.

Elevation du Balcon et du Portal du Corps de Logis, de l'invention du Mr. Frisoni.

Geometrischer Auffzug deß Balcon und Portals an dem Fürstlichen Corps du Logis in Ludwigsburg, inventirt von Mr. Frisoni.

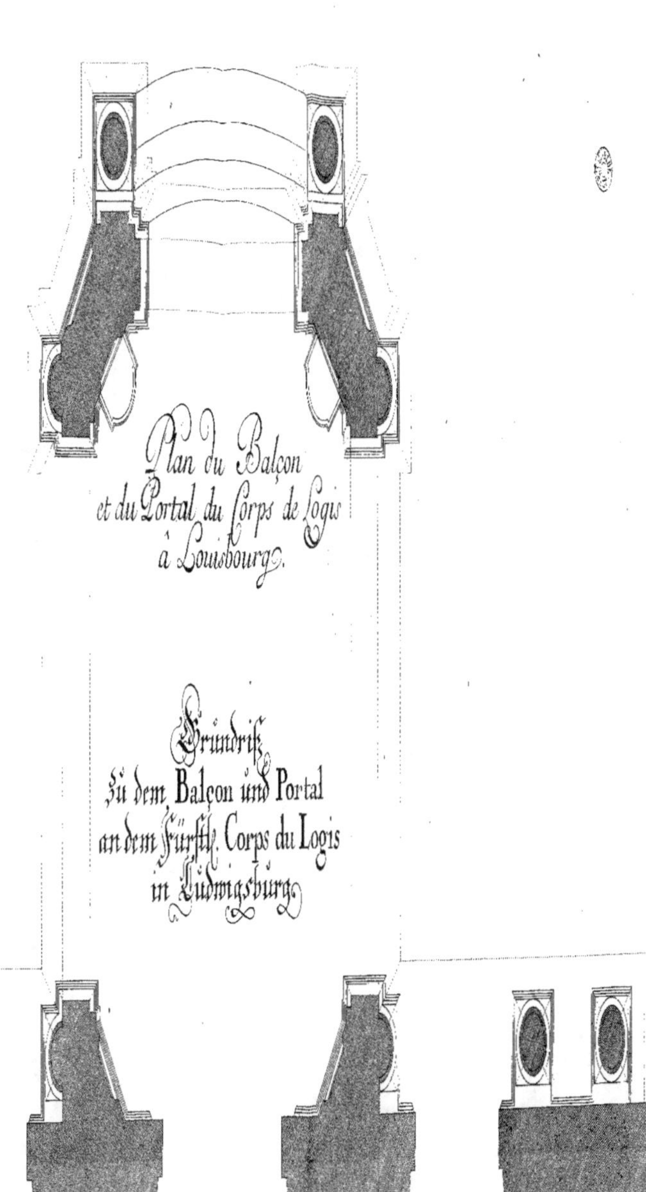

Plan du Balcon
et du Portal du Corps de Logis
à Louisbourg.

Grundriß
zu dem Balcon und Portal
an dem Fürstl. Corps du Logis
in Ludwigsburg

Cum Priv. Sac. Cæs. Maj.

Haered. Ier. Wolffii excud. A. V.

Profil de l'Escalier, et du Vestibule du Corps de Logis, inventé par Mr. Frisoni.
B. B.

Profil zur Stiegen und Vestibuli in der Fürstl. Corps du Logis zu Ludwigsburg, inventirt von Mr. Frisoni.

A A

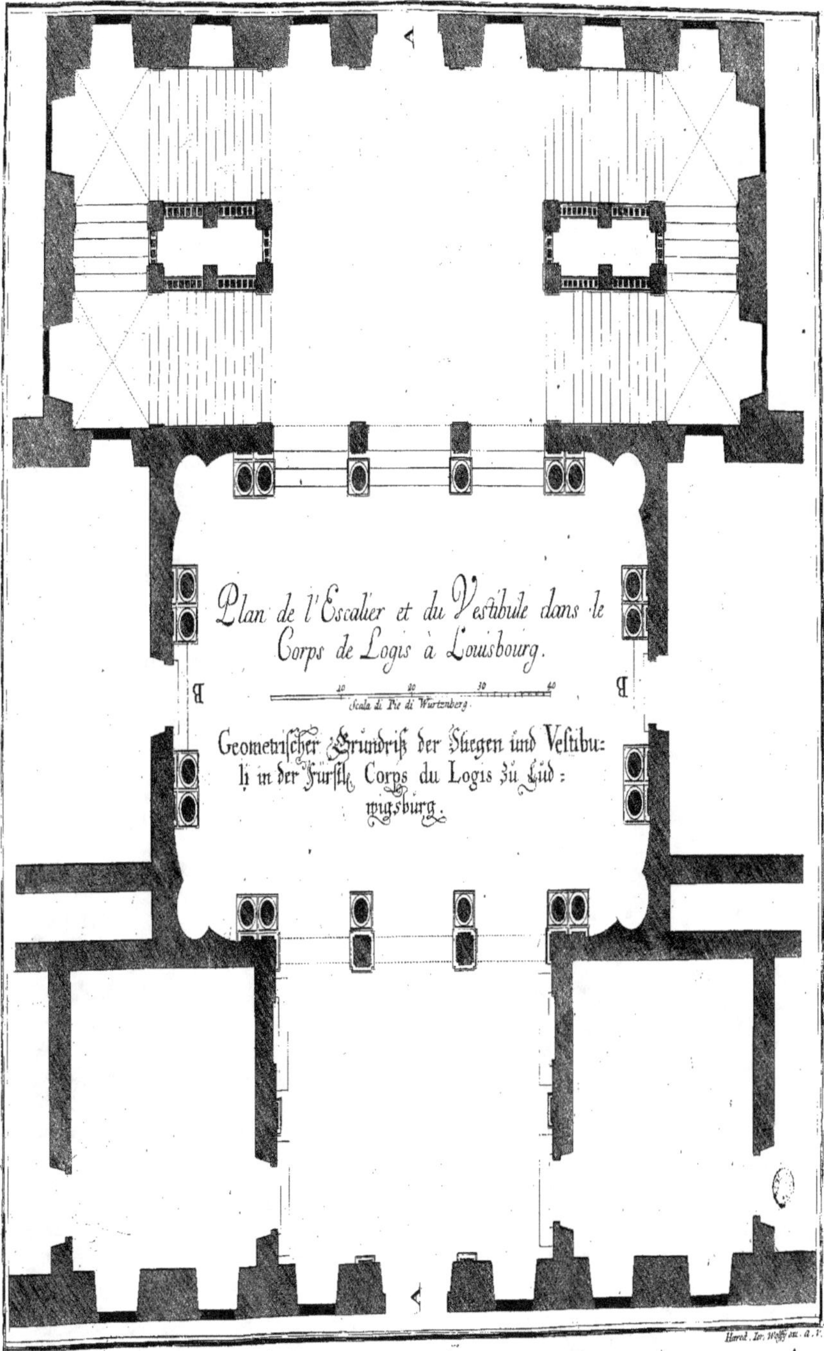

Plan de l'Escalier et du Vestibule dans le
Corps de Logis à Louisbourg.
Scala di Pie di Wurtenberg.
10   20   30   40
Geometrischer Grundriß der Stiegen und Vestibu:
li in der Fürstl. Corps du Logis zu Lud:
wigsburg.
B
B
Cum Priv. Sac. Cæs. Maj.
Harod. Ier. Wolff inv. a. V.
12

Cum Priv. Sac. Caes. Maj.

Haered. Ier. Wolffij excude Aug. Vind.

Elevation des Fenestres du Corps de Logis, inventées par Mr. Frisoni.

Geometrischer Aufzug von Fenstern, wie solche an dem Hochfürstl. Residenz Schloß zu Ludwigsburg an deren Corps du Logis zusehen seynd.

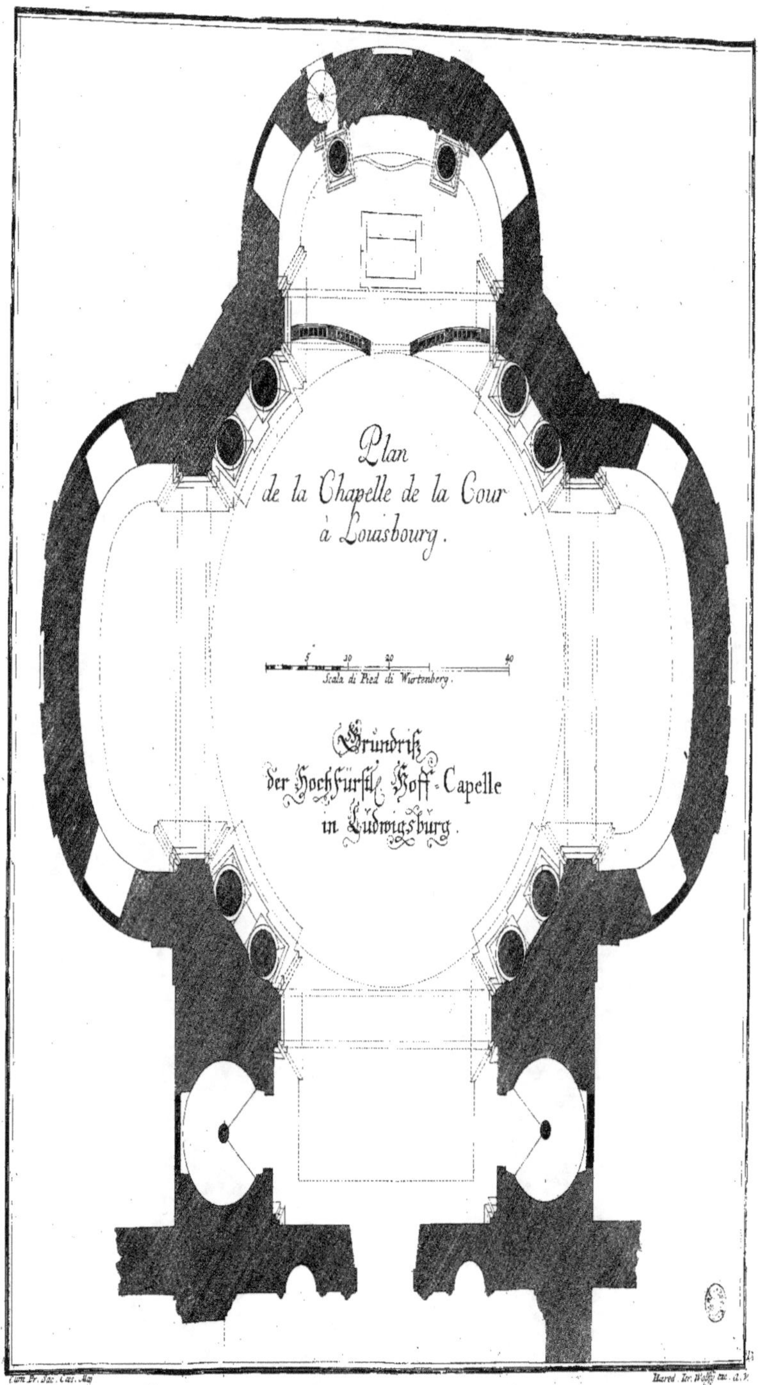

Plan
de la Chapelle de la Cour
à Louisbourg.

5   10   20   40
Scala di Pied di Wirtenberg.

Grundriß
der Hochfürstl. Hoff-Capelle
in Ludwigsburg.

Cum Pr. Sac. Caes. Maj.   Haered. Ier. Wolffij exc. A. V.

Der Altar dienet zugleich als Cantzel, wie aus dem Grundriß zu sehen. Die Cuppel und Altar-Blatt ist von dem berühmten Mahler Herrn Carlo Carloni. Die Fresco Capellen oder Empor kirchen von dem berühmten Mahler Herrn Lucca Antonio Colomba, Ihro Durchl. eigner Hoff-Mahler. Die Figuren von gearbeitem Alabaster Gyps sind gemacht worden von Herrn Diego Carloni. Die übrigen ornamenten sind die Kostbarsten vergüldet. Die Architectur aber von dem Autore gemacht.

D. G. Frisoni Major et Archit. Sereniss. Duc. Würtemb.

Cum Priv. S. C. Maj.

Le Profil et Perspective de la Chapelle de S. A. S. Monseigneur le Duc Regnant de Wurtemberg a Ludwigsbourg.

L'Autel sert en même tems de Chaire, comme se fait voir le Plan. Les Peintures du Dôme et de l'Autel sont de l'excellent Peintre Carlo Carloni; Celle des Tribunes sont de M. Lucca Antonio Colomba, Peintre de S. A. S. Les figures de plâtre reluisant sont faites par M. Diego Carloni. Le rest des ornements est doré et d'une grande magnificence. L'Architecture en est de l'Auteur.

Iren. Wolff exc. Aug. Vind.

Joh. Aug. Corvinus sculps.

Facade du Château du Côté de la Faisanderie, élevé et etendu avec une partie de la Ville neuve.

Perspectivische Facciata gegen dem Fasanen Garten, wie dermahlen selbigen Ihro Hochfürstl: Durchl: der Regierende Herr Hertzog zu Würtemberg haben anlegen und erweitern, lassen, sammt einem theil der neuen Statt.

D. G. Frisoni, Lieut: Col: et Directeur des Batiments de S. A. S. amplificabit et delineavit.

Vüe du Portail de la Faisanderie orné de Grille de fer doré, et de Statues en loin-
taineté, la Cascade et la Favorite erigées de S. A. S. A° 1718. et achevées de
Monsieur Paul Retti, Architect de S. A. S.

Prospect des Portals des Fasanen Gartens mit eisern vergoldtem Gitter-Werck und Statuen in der ferne.
Die Cascade u. Favorite ist von Ihro Hochfürstl. Durchl. A° 1718. angelegt, und von Herrn Paul
Retti Hoff-Bau Meistern vollführet worden.

Veue et perspective du favorite de Prince au Jardin de Louisbourg
avec les apartemens et Officines apartenāt a la Cour du Prince.

Perspectivischer Außzug der Fürstl. Favoriten im Fasanen Garten zu Ludwigs=
burg samt den Officinen u. appartementen zu der Hoffstatt gehörig.

Denás Gfarçys Hermī

im Drück zu finẽ zu   Georg. Hoffmañ his Pos.

Johan. der Grivas Sculpsit.